La "Traite des Nègres" demeure hélas un mal impardonnable. Mais vint heureusement Dieu le Tout-Puissant en chair et en os pour guérir...

La fin de l'esclavage

Tous droits de traduction et de reproduction réservés pour tous pays,
All rights of translation and reproduction for all
countries reserved.

LES EDITIONS BLEUES

ISBN :2-913771-07-6

(Agence francophone pour la numérotation internationale du livre)

Printed by CreateSpace, An Amazon.com Company

ISBN 10: 2913771076
ISBN 13: 978-2913771079

Avant-propos

"Je pense, donc je suis", disait Descartes, le grand philosophe et savant français.

Je pense que Dieu en personne, est en train de réparer tout le mal commis à l'endroit de la Race Noire africaine, donc le rêve que j'ai eu dans la nuit du 7 au 8 Novembre 1986 est prémonitoire.

Joseph Moè Messavussu Akué

Table des matières

Avant-propos..Page 3
1- Le Port d'Elmina....................................Page 6
2- Les rois négriers....................................Page 11
3- Les rafles négrières................................Page 15
4- Les châtiments négriers.........................Page 19
5- Les fers négriers....................................Page 23
6- Les galères négrières..............................Page 27
7- Les champs de canne à sucre négriers......Page 29
8- Les révoltes négrières.............................Page 33
9- L'abolition de la traite des nègres.............Page 37
10- Hommage Moèiste à Martin
　　Luther King...Page 41
11- Terreur humaine et libération
　　divine..Page 45
12- La gloire de mon père............................Page 49

Le Port d'Elmina

Peu de Noirs Africains, de Minas en l'occurence, pensent que leur épopée d'Elmina à Dégbénou et Aného, reste étrangère à la personne divine que je pense incarner; puisque l'une de mes rares interventions dans le déroulement de l'histoire humaine sur terre, concerne tous les miracles relatés par la Bible et relatifs à la vie de Jésus-Christ, que je réalisais magiquement en son lieu et place, il ya deux mille ans .

Il ya deux mille ans en effet, je rêvais, [alors que je m'étais domicilié, sous ma forme céleste d'un homme Noir africain en ondes électromagnétiques et électroaccoustiques, sur la "planète bleue",] que je descendis sur terre magiquement, c'est à dire sans soucoupe volante ni vaisseau intergalactique, afin de réaliser des miracles programmés dans la vie de Jésus-Christ dont l'histoire fut écrite par l'"Esprit du mal en personne" qui s'était toujours pris pour le créateur de tout ce qui existe y compris de ma personne visible ou invisible qu'il dénomma "le meilleur des hommes".

Persuadé en effet que le dénommé Joseph Moè Messavussu Akué est bel et bien "le meilleur des hommes" puisque celui-ci fut désigné par le Sort pour porter la "Pierre philosophale" ou la "Pierre de la connaissance absolue", l'esprit du mal en personne, le

"Prince des démons", décida de réaliser alors son plus vieux rêve: Me donner personnellement la mort avec l'aide des plus cruels de ses créatures humanoïdes, en s'infiltrant dans mon cerveau en compagnie desdits cruels "lieutenants".

En s'incrustrant dans mon cerveau en compagnie de ses plus cruels "lieutenants", l'Esprit du mal en personne ne s'est en aucun moment douté qu'il rentrait de son gré dans son tombeau, [puiqu'il sera l'un des tout- premiers démons que ma tête eut à broyer] mais croyait bêtement qu'il allait me vieillir avant l'âge de trente-cinq ans, et que je mourrai à l'âge de trente-sept ans de crise cardiaque sinon d'assassinat politique!

En m'ordonnant comme un malheureux qui mourra à l'âge de trente-sept ans de crise cardiaque sinon d'assassinat politique, l'Esprit du mal en personne me niait comme l'Incarnation de Dieu le Tout-Puissant, celui-là même qui lui apparut déja au début de la création du Cosmos, sous mes traits actuels, assis un "Trône de Lumière" et tenant dans sa main gauche un livre qui renfermait un condensé de la Table des lois qui fondent et prédestinent la totalité de ce qui existe.

Le livre qui renfermait un condensé de la Table des lois qui fonde et prédestine la totalité de ce qui existe et qui se nomme "la Loi des grandeurs", se donne comme le premier livre que j'écrivis tout au debut de l'histoire du Monde des Mondes des Cieux, [alors que le me présentais exactement comme je suis aujourd'hui mais en ondes électro-magnétiques et accoustiques d'une luminescence blanchâtre,] et reste le premier traité de ma-thématiques fonctionnelles que j'ai entrepris de rédiger en 1987.

Les mathématiques fonctionnelles que j'ai rêvées en 1987 comme la forme sublime de concevoir la réalité physique et sensible, me livrent le contenu de mon cerveau ou de la "Pierre philosophale" depuis lors, comme un savoir miraculé qui fait de moi quelqu'un qui se convainc d'être effectivement "Dieu-fait homme".

Pour me convaincre que je suis effectivement Dieu-fait homme [ce qui déplaît profondément à tout mon entourage], il m'a fallu comprendre que je ne dépends de rien pour établir la suite ininterrompue de mes axiomes mathématiques fonctionnels ou termes de ma logique formelle, qu'à travers tous mes rêves je me révèle à moi-même comme le Fabricant effectif de l'univers visible et sensible, et que je maîtrse absolument le cours des événements universels.

Pour avoir saisi que je ne dépends de rien pour établir mes axiomes mathématiques fonctionnelles, qu'à travers tous les rêves que je fis jusqu'alors il se trouve que je suis sans aucun doute le Fabricant effectif de l'univers visible et invisible et que je maîtrise absolument le cours des événements universels, j'en déduis que mon identité réside dans le rêve que je fais de ma personne que tout le monde s'accorde à trouver insensé.

À partir du moment où tout le monde s'accorde pour me trouver insensé, surgissent deux points d'interrogation:
Premièrement, si Dieu de tous les hommes et femmes croyants existe bel et bien, alors ne serait-il pas le plus obscurantiste de tous les êtres vivants?
Deuxièmement, si je suis effectivement Dieu le Tout-Puissant en chair et en os, alors quand est-ce que l'humanité l'admettra comme vrai, puisque je vis comme si je n'ai rien à prouver à personne, sinon à moi-même?

Des deux questions qui précèdent, les gens qui me détestent me diront que le jour où je mourrai comme tout le monde, je comprendrai que je n'aurai été qu'un rêveur bien dérangeant. Tandis que les gens qui m'aiment bien voire passionnément, me diront qu'ils prient pour que l'Éternel ne se fâche pas contre moi.

De tout ce qui précède, je crois que mon mérite pour oser défendre la nouvelle religion que je professe, serait uniquement d'avoir inventé une nouvelle civilisation Mina à partir du Port d'Elmina.

Un poème à vers conjugués
Lomé, le 1er Décembre 1990

Les rois négriers

Enfreindre la loi des rois négriers, ou déclarer comme le fit mon aïeul Akué Kumavi, qu'une négritude sy-nonyme de la "traite des nègres" est une démission de l'homme et de la femme Noirs africains face à la vie, équivalait à signer son propre arrêt de mort et à fuir comme la peste la Cour royale de Sempey et le peuple Mina ou Guin de Gold-Coast, actuel Ghana.

Mon aïeul Akué Kumavi ayant donc signé son propre arrêt de mort en s'insurgeant contre l'esclavage, et obligé de fuir la Cour royale de Sempey à Gold-Coast, actuel Ghana, en compagnie d'un petit groupe d'hommes et de femmes qui ont décidé de le suivre jusqu'au bout du monde, prit Dieu à témoin en décidant d'aller créer quelque part sur la côte du Togo et non ailleurs, une civilisation Noire africaine modèle, fondée sur la Paix, l'Amour et la Liberté.

Mon aïeul Akué Kumavi m'ayant pris à témoin [tout en méconnaissant que Dieu naîtra en 1957, sous les traits d'un enfant Guin ou Mina du nom de Joseph Moè Messavussu Akué] en décidant d'aller créer une civilisation quelque part sur la côte du Togo, m'adressa alors la prière suivante: "Si je dois mourir un jour, Dieu le Tout-Puissant, faîtes que ce soit sur le territoire que tu m'as reservé et parmi ma tribu bien aimée".

Mon aïeul Akué Kumavi vit sa prière exaucée puisqu'il mourra d'une mort paisible à Dégbénou, une petite ville du Togo qu'il fonda au dix-huitième siècle.

Dégbénou ou la place du marché au gibier provenant de la "forêt sacrée" où allait chasser d'habitude mon aïeul Akué Kumavi, donna ainsi son nom à la puissante bourg qu'on nomme aujourd'hui Dégbénou.

Un poème à vers paraboliques
Lomé, le 3 Décembre 1990

Les rafles négrières

Dire que pourchasser les membres de sa propre famille comme du gibier et les faire rafler par des négriers fut sur cette terre Noire et africaine une pratique coutumière!

Les rafles négrières ont anéanti avant tout, nos coutumes Noires africaines ancestrales. La preuve en est que l'Afrique Noire renonça à jamais à institutionnaliser pour l'universaliser sa propre culture, et pour s'en remettre totalement à l'école Blanche et européenne.

En s'accordant pour n'imaginer la vie qu'à travers les modes de raisonnement qu'on n'acquiert nécessairement qu'à l'École Blanche et européenne, tous les peuples de la Terre réalisent l'idéal de l'Esprit du mal en personne qui veut que la "civilisation de la machine-outil", son invention personnelle qu'il légua aux grands penseurs Blancs européens, ne se perpétue que par la race Blanche européenne.

La "civilisation de la machine-outil", une fabrication de l'Esprit du mal en personne à cent pour cent, intégralement révélée à la race Blanche et européenne, a ceci de particulier qu'elle est impossible à concevoir par les Noirs Africains et les Noires Africaines qui ont été rendu "tarés" par ledit Esprit maléfique et sa "communauté de démons", et qui ne peuvent que copier les raisonnements des penseurs Blancs et européens.

Ladite civilisation de la machine-outil aussi reste incomparable à la "civilisation de l'homme immortel" en ce que les postulats de la première suppriment l'humanité et la vie qu'elle est censée améliorer et que ceux de la deuxième proclame l'immortalité humaine et la vie éternelle.

Un poème à vers paraboliques
Lomé, le 5 Décembre 1990

Les châtiments négriers

La race Noire africaine est comprise à tort par la race Blanche européenne comme une race primitive, incapable d'inventions technologiques et apparemment condamnée à être l'esclave perpétuel et docile de ladite race Blanche européenne.

Fort de cette appréciation en réalité tronquée de la "Négritude", puisque la "civilisation de l'Egypte des pharaons" aurait été une invention absolument Noire africaine, le génie Blanc européen se maintient au pouvoir universel en cachant à la Nation Noire africaine son patrimoine technologique, et en n'y mettant au parfum que les plus dociles de ses "esclaves" Noirs africains qui ne remettent nullement en cause la suprématie de la race Blanche européenne dans l'univers.

La suprématie de la race Blanche européenne dans l'univers se révèle ainsi comme intouchable, à moins que le génie Noir africain qui a déjà fait ses preuves, comprenne et soutienne la puissance technologique qu'incarne le dénommé Joseph Moè Messavussu Akué.

La puissance technologique qu'incarne le dénommé Joseph Moè Messavussu Akué et que la collectivité Noire africaine surrondante nie par jalousie et mauvaise foi, restera donc la propriété privée absolue dudit dénommé Joseph Moè Messavussu Akué.

Un poème à vers paraboliques
Lomé, le6 Décembre 1990

Les fers négriers

Que de douleurs, la pensée que je n'arriverai jamais à concrétiser ma puissance technologique avant ma mort hypothétique, occasionne en moi! Seulement je continue de rêver que d'ici l'an 2020, je parviendrai à partir de rien, à fabriquer de mes mains propres, la première génération de mes machines-outils sublimes révélée; n'en déplaise au génie humain sous l'emprise de l'intelligence restrictive et pernicieuse de l'Esprit du mal en personne.

L'intelligence restrictive et pernicieuse de l'Esprit du mal en personne qui fait croire à l'être humain que l'homme ou la femme Noir Africain quelque soit la faveur qu'il ou elle peut bénéficier du destin, reste absolument incapable de détrôner l'homme ou la femme Blanc européen proclamé le "Maître de l'Espace-Temps", se définit comme le contraire de mon esprit, en ce sens qu'elle pose l'Univers formé comme éphémère et Dieu comme un personnage irréel donc
 inexistant, alors que je pense l'univers visible et invisible indestructible et ma personne comme l'incarnation de celui-là même qui fabriqua le Monde des Mondes des Cieux et la vie éternelle.

L'incarnation de celui-là même qui fabriqua le Monde des Mondes des Cieux et de la vie éternelle que je suis, m'autorise à poser dès lors ma souveraineté comme relevant de la magie la plus élevée qui soit, ce qui n'est pas du goût de l'humanité qui ne me reconnaît point d'attributs magiques spécifiques, puisque je demeure comme la plupart des Africains d'Afrique et d'ailleurs, un chômeur aux prises avec la terrible hégémonie des pays industrialisés.

Cette terrible hégémonie des pays industrialisés sur la terre donne toute la puissance de l'Esprit du mal en personne qui a toujours été jusqu'à sa mort, le plus féroce Négrier qui soit.

Un poème à vers conjugués
Lomé, le 8 Décembre 1990

Les galères négrières

Des coups que j'ai reçus dans les galères de la vie à Paris, Lyon et Villefranche sur Saône, le plus cruel est la situation d'un étudiant Noir Africain avec une collection de récépissés de convocation à la Préfecture de
Police pour cause de renouvellement de carte de séjour, pour seul papier administratif témoignant de son séjour de plus de sept ans déjà en France!

Avec pour tout papier tenant lieu de titre de séjour en France, voire dans la plupart des pays occidentaux, un-récépissé de convocation à la Préfecture de Police pour cause de renouvellement de carte de séjour, les Noirs Africains en l'occurence, sont en situation irrégulière dans lesdits pays, n'ont donc pas droit à un travail, un logement et sont à reconduire à la frontière française ou autres ou carrément à être rapatriés à tout instant.

Les Noirs Africains en situation irrégulière en France et dans la plupart des pays occidentaux vivent dès lors dans un état de psychose permanent proche de la démence.

Un poème à vers conjugués
Lomé, le 10 Décembre 1990

Les champs de canne à sucre négriers

S'il faut travailler pour pouvoir se donner les moyens de vivre, il n'en demeure pas moins vrai que les "travaux forcés" bannissent la dignité humaine et
orientent l'être humain comme une bête de somme.

L'être humain contraint par les armes à travailler sans espoir, devient en somme un être porteur de haine et de malédiction contre son ou ses tyrans qu'il n'hésitera pas à détruire à la moindre occasion favorable puisque le ou les prenant pour une ou des bêtes fauves sous des traits humains.

De toutes les bêtes fauves sous des traits humains négriers que j'ai rencontrées durant mes pérignations européennes, la plus affreuse reste monsieur Abigboll, le patron de France-Déménagement qui n'hésita pas à nous envoyer mon collègue Zaïrois et moi, au plus profond de notre dèche parisienne, sur un chantier, à bord de l'un de ses camions rempli au neuf-dixième de collis sanglés, ou plus exactement, embarqués dans le petit espace qui restait derrière les monstrueux colis dans la "caisse" dudit camion. Nous avons d'un commun accord, Maurice et moi, repoussé l'offre satanique.

Les révoltes négrières

Lorsque j'envisage clairement accéder par la voie des élections démocratiques au pouvoir, au Togo, je me heurte toujours à la difficulté d'y parvenir avec l'aide de mon entourage, parents et amis qui me laissent choir en ces moments de lucidité, peut être parce qu'ils sont jaloux de ma bénédiction divine, ou bien parce qu'ils me détestent pour le mépris que j'affiche pour leurs personnes avilies par le matérialisme ambiant.

Parcequ'ils se révèlent toujours jaloux ou haineux à mon endroit, sans doute à cause de mon intelligence et de ma grâce exceptionnelles, mes parents et mes amis m'ont fait prendre clairement conscience d'une chose de la plus grande importance: À mes lieu et place, je suis tout simplement tenu de me faire reconnaître et honorer par l'humanité entière comme le Chef éternel de l'Etat-Nation Espace-Temps, le Président à élire de la République du Togo, le Président à élire de la future République Fédérale Africaine, et le Secrétaire Général à élire de l'Organisation des Nations Unis dont le futur Siège est prévu à Lomé!

Et c'est justement parce que mon entourage ne me reconnaît aucun de ces attributs précédents que je me suis révolté contre leur autorité basée uniquement sur le principe que l'homme ne serait correctement évalué qu'en fonction de ses possessions matérielles provenant d'une situation professionnelle prodigieuse.

En admettant par contre que la valeur d'un homme équivaut exactement au poids de sa conscience correspondant à son aptitude à faire le bien et à éviter le mal, et à réaliser sa vie conformément à ses talents, ma révolte et celles de tous les hommes et femmes qui me prennent pour leur Signeur, resteront les plus terribles révoltes négrières qui soient, puisqu'elles appellent l'abolition pure et simple de la "civilisation de la machine-outil ou de l'esclavage industriel".

Un poème à vers paraboliques
Lomé, le 12 Décembre 1990

L'abolition de la traite des nègres

Changer le destin méphistophélique de l'humanité en une destinée divine. Tel est et restera le sens de l'abolition de la civilisation de la machine-outil ou de l'esclavage industriel.

Un poème à vers parabolique
Lomé, le 13 Décembre 1990

Hommage moèiste à Martin Lulter King

Martin Luther King, aujourd'hui le 23 Janvier 2003, moi Joseph Moè Messavussu Akué - Roi régnant auto-proclamé de l'Etat-Nation Espace-Temps - Dieu le Tout-Puissant en chair et en os - Souverain - Maître de la vie et de l'Histoire, déclare ce qui suit: Tu as remporté une victoire absolue sur le mauvais sort arbitrairement attribué à notre peuple Noir africain d'Amérique, d'Afrique et du reste du monde.

Je considère en effet, King, que la fraternité entre toutes les races de la terre, est aujourd'hui un acquis ici aux États Unis d'Amérique et partout dans le monde.

Mais nous ne devons pas nous en tenir là, car le premier Moèiste que je suis, lutte âprement pour faire de la fraternité entre tous les peuples du monde une réalité palpable.

Le peuple Noir africain auquel nous appartenons, a toujours été appelé pour porter le "Flambeau de la civilisation divine" à proprement parler. Mais tout comme Amel et Amélie, les deux premiers êtres humains créés, bien évidemment issus de notre peuple, nous refusions de créer ensemble les conditions de l'éclosion de ladite civilisation divine.

Aujourd'hui le 20 Janvier 2003, je confesse que j'ai réussi à faire de mes rêves ma réalité, et je le prouverai en faisant du Parti Moèiste americain, le plus grand parti politique aux États Unis d'Amérique dans les décennies à venir, et pour l'éternité.

Un poème à vers paraboliques
Lomé, le 20 Janvier 2003

Terreur humaine et libération divine

Tout comme si je ne suis que le Messager des temps moderne de Dieu le Tout-Puissant, je confirme que l'humanité est devenue trop laide et trop méprisante de la Parabole Moèiste pour que je puisse déclarer cette dernière tout comme moi-même, immortelle.

Tout comme si je ne suis que le Prophète Mina se proclamant à travers ses écrits Dieu le Tout-Puissant en personne, je confirme en effet que je n'ai pas encore rencontré un homme ou une femme irrémédiablement acquis à ma doctrine Moèiste, se faisant ainsi mon compagnon ou ma compagne fidèle.

Tout comme si je ne parlais point le langage de la vérité en déclarant solennellement que je me confirme l'Incarnation de Dieu, dès à présent que je retrouve en moi en permanence l'effectivité de sa présence, je deviens tout simplement la Libération divine là où la terreur humaine nommée la mauvaise foi, triomphe.

Un poème à vers répétitifs
Lomé, le 10 Janvier 1993

La gloire de mon père

La gloire de mon père réside dans le fait qu'il nous a élevés, nous tous qui sommes ses enfants, avec beaucoup d'amour et très peu d'argent.

La gloire de mon père réside aussi dans le fait qu'il fut un homme foncièrement bon et un politique hors-pair.

La gloire de mon père réside aussi dans le fait qu'il a su se faire aimer de toutes les femmes qu'il a vues et connues durant sa vie; en particulier mes innombrables grandes et petites sœurs qui le vénèrent comme un dieu.

La gloire de mon père réside aussi dans le fait qu'il ne m'a jamais dit ouvertement que je ne suis pas son fils d'homme; lui qui s'est toujours senti totalement étranger à moi et surtout à la conception immaculée de ma mère quant à moi.

La gloire de mon père résume dans une certaine mesure, l'incompétence des hommes politiques Noirs africains à régler le problème du sous-developpement par la voie de la violence politique ou de la guerre de la décolonisation totale.

La gloire de mon père néglige absolument le militarisme militant et la civilisation de la machine-outil.

La gloire de mon père ne consiste pas uniquement à ressembler dans la mesure du possible à Dieu que je suis, mais surout à rester un adorable père de famille, jusqu'au jour de sa brutale disparition.

La gloire de mon père ne consiste pas uniquement au fait qu'il fut un grand promoteur de la race Noire africaine, mais un homme que j'apprécie beaucoup pour son humanité.

La gloire de mon père ne reflète pas uniquement la vie d'un homme ultra simple, absolument dévoué à sa patrie, mais aussi à l'indépendance de la Nation togolaise dans une certaine mesure.

La gloire de mon père consiste, somme toute, à me considérer comme son enfant qui sauvera Lucie, ma mère, et qui sait l'humanité entière.

Un poème à vers répétitifs
Lomé, le 19 Avril 1988

Du même auteur:

- **POÈMES POUR L'AFRIQUE ÉTERNELLE** (Tomes 1, 2, 3, 4, et 5)
- **POÈMES BLEUS**
- **VIVE LES ÉTATS UNIS D'AMÉRIQUE!**
- **LA LOI DU PROFIT NUL**
- **L'EXPÉRIMENTATION DE LA LOI DU PROFIT NUL**
- **LES PERLES TOGOLAISES ET D'AILLEURS**

Achévé d'imprimé en Juillet 2011 par
les ÉDITIONS BLEUES
mmessavussu@gmail.com
moemessavussu@hotmail.com

Dépot légal : Troisième trimestre 2011
Numéro d'Éditeur ; 2-913-771
IMPRIMÉ AUX ÉTATS UNIS D'AM ÉRIQUE

www.ingramcontent.com/pod-product-compliance
Lightning Source LLC
Chambersburg PA
CBHW041308110426
42743CB00037B/34